谷内正遠木版画集

詞・東井義雄

ちょうどいいくらいのしあわせ

探究社

東井義雄先生の詞をカレンダーにしよう。

一九九四年（平成六）から始め、二十三年になりました。

私の仕事は木版画家です。一人でコツコツと歩む仕事です。つらい時、いつ終わるかわからない時、なげ出したい時、いつもそばにいてくれる猫たちにどれだけ助けられたかわかりません。

そこで先生の詞と、私のまわりにいる猫、友人の猫たちの版画を組み合わせ、東井先生の詞への思いをそえて仏さまの御法《おみのり》を味わいたいと思い、本にいたしました。

谷内正遠

みんなみんな仏さまのお恵み

私たちは自分の力で、
いろいろなことを成し遂げてきたつもりでいますが、
みんな仏さまの大きなはからいの中で
生かされているのです。

しょうしょうと ふる水

幸せのどまん中にいるのに幸せがみえない

自分ばかり、つらい目にあう。
あの人はあんなに楽そうなのに、
なんで自分はと思ってしまう。
本当にそうでしょうか。

ちょうど
いい
くらいの
しあわせ

きづかなくても
大いなる
親のひざの上

私の膝の上で、猫がよい気持ち。
私だって仏さまの膝の上に。

膝の上で寝る猫

家に こころの灯を

帰る家がある。帰る処《ところ》がある。
とても幸せなことなのに、気づかない。
旅をして、泊まるホテルが決まっていない。
不安ではないですか。
帰る家があるありがたさ。

ねたり
おきたり

助かってくれよとの
仰せに従うばかりなり

仏さまの願いは、ただひとつ。
私たちをたすけたい、それだけなのです。

二人で歩む

光いっぱいの朝 光いっぱいの世界

暗闇は不安なものです。
私が子どもの頃、停電になると、
なかなか復旧しませんでした。
朝の光を感じると、うれしくてほっとしたものです。

人声なつかしがる

働きづめに
働いている心臓
ほら、いまも

毎日毎日、自分のために心臓がはたらいてくれています。
胸に手をあてて、感じてみませんか。
こんなにがんばってくれているのです。

君知るか
生きる喜び

胸に手をあててみる
心ぞうが動いている
私のために

妙好人の源左さんは、
鼻が下にむいとるでありがたいとおっしゃいました。
あたり前のことに、驚きます。

一歩一歩が自分の歩み

生きる喜びにめざめさせてくださるのが　ほとけさま

自分という生命《いのち》を、生かしてくれる働きは、気がつかないだけで、無数にあります。見えない力に、感謝したいものです。

大切なのは
心の
もちかた

力をぬいたとたん世界がひらける

いつも肩に力が……。
もうすこし、ゆったりしてみませんか。

のんびり
ゆっくり
それも
いいね

生きているということは死ぬいのちをかかえているということ

命をいただいた身として、確かなことはひとつだけです。
それは、いつかは命が終わるということです。

いつだって前むき

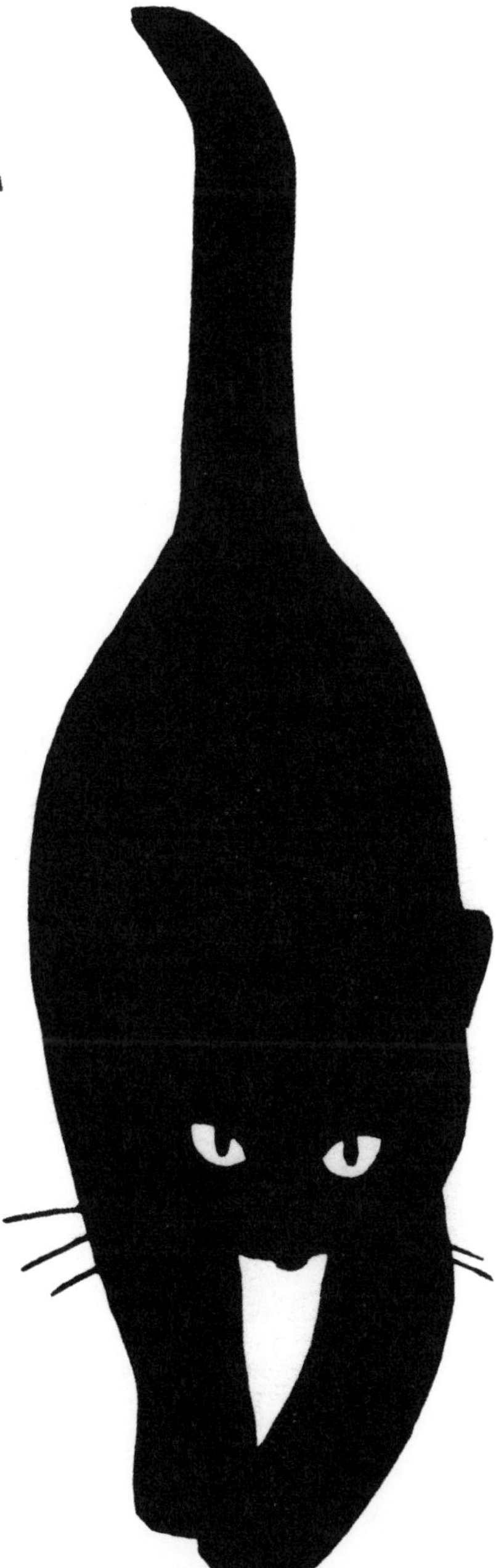

「天におどり
地におどるほどに
よろこぶべきことを
よろこばぬ」私

親鸞聖人は、「よろこぶべきを　よろこばざるは　煩悩《ぼんのう》の所為《しょい》なり」
とおっしゃっています。
そうですね。
なかなか素直に、よかったねと言えない私です。

撫でてやれば
鳴いてくれる

家庭に　お念仏の灯を

「ナンマンダブ」の一言が口から出てきてくれない、
我の強い私たちです。
でも、いつかは出てくるのでしょう。
仏さまはまってくださっています。

なんでも
やってみよう

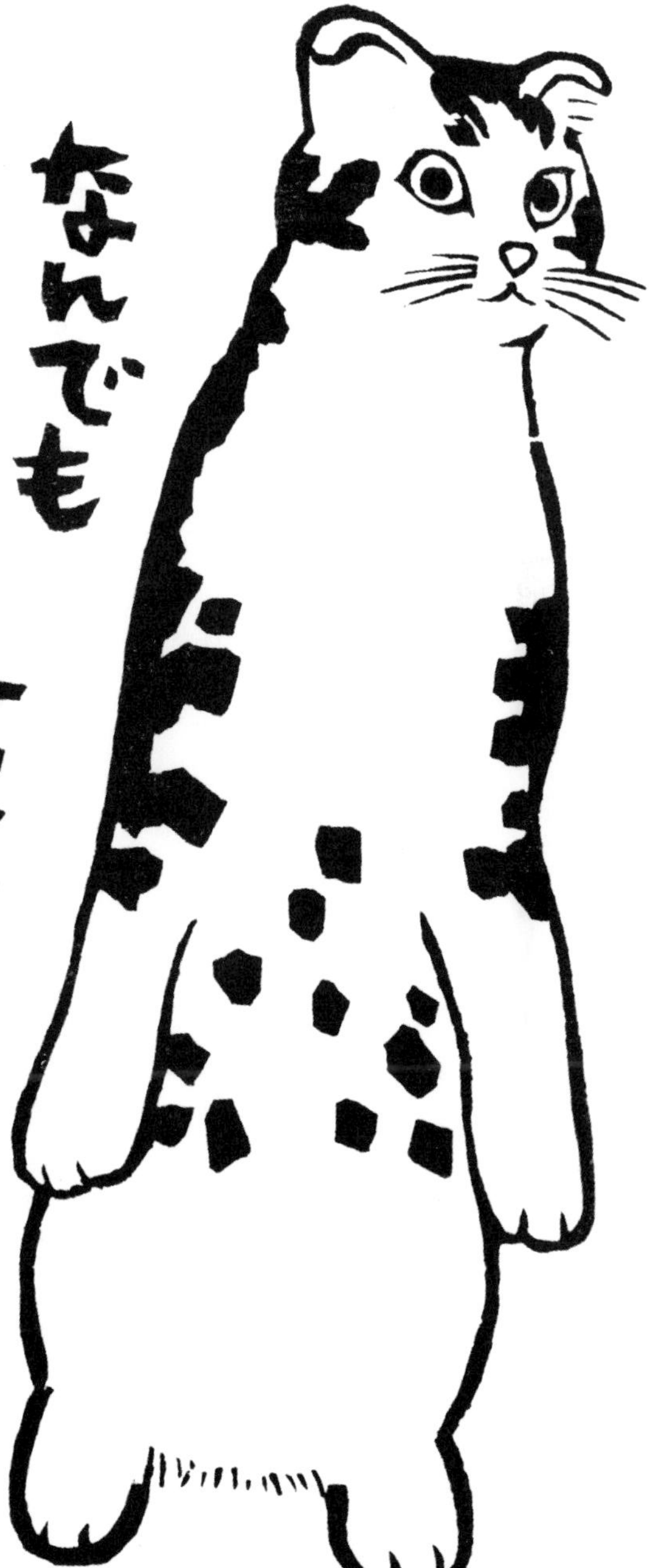

このまんまの私が
仏さまのお目あてであった

素直でない我の強い私です。
そんな私でいいんだよ。
そのまま救ってやるとおっしゃってくださる仏さま。

寝ている
猫よ

思われっ放し　してもらい放しの私

仏さまは、ずっと思ってくださっている。
それに気がつかない私。
でも、きっと気づく日がくるのです。

暖かい
心の
持ち主に
なろう

「モノ」のいのちをいとおしむ心

私は、木版画家です。
版画を創るにはいろんな道具があります。
刀、紙、絵具……みんな命があります。
使えなくなっても、捨てられません。
感謝の心で休んでもらいます。

何、想う
じっと
見る

おかげさまを見る目
おかげさまを感じる力

「おかげさま」「おかげさま」と言いますが、
心から思っていますか？
自分にとって都合のよい時だけの
「おかげさま」ではないでしょうか。

いつも
人を
思いやる
やさしさを
もとう

青い空も月も　星も　花も
みんな　みんな　佛さまの　お恵み

空も花も水も、
何ひとつ自分でこしらえたものはありません。
仏さまの御手《みて》の中。

まいにち
まいにちが
発見だ

二度とない人生
二度とない今日ただ今

今、人生を歩んでいます。
今、生きています。
それがどんなに、かけがえのないものか。

ふるもよからう雨

よろこびのたねをはぐくもう

小さな一歩、
ひとつぶでも心を込めて育てれば、　みのりがまっている。

少しづつならがんばれる

佛さまの大きないのちに
目覚めさせていただく

仏さまのお力。
なかなか私には、感じられません。
でもきっと、あるのです。
信じさせていただきます。

あすは
あの山こえて

ダメな人間なんてあるものか
人間はみんなすばらしいんだ

人の数だけ、人間がいます。
いいところもある、困ったところもある、
みんな人間です。
どの人も仏さまは、見守ってくださっています。

雨もいい
晴れもいい

小さな勇気でいいから わたしはそれがほしい

私は小心者ですから、勇気にあこがれました。
いつかは勇気をもてるようになりたいと。

堂々とあゆむ

ほんものとにせものは見えないところのあり方でわかる

本物？　にせ物？　一体だれが判断するのでしょう。
仏さましかできません。

すなほに
咲いて
白い花

口がとんがってしまうと耳が粗末になる 口より耳が大切なのに

浄土真宗では話すことより、聞くことが大事です。

蓮如上人は、

仏法は聴聞《ちょうもん》にきわめりとおっしゃいました。

まちがって
いたら
すなおに
あやまろう

一番はもちろん尊い
しかし一番より尊いビリがある

東井先生は、かけっこが苦手でした。
いつもびりで嫌だったそうです。
でもある時、
自分がびりだから他の人はびりにならなくてすむ、
自分のびりも尊いのだと思われたそうです。

こんな歩き
方でも
いいのか
いいのだ
進め進め

見えないところで
つながりあって生きているのは
つくしんぼだけじゃない

つくしは地下茎でつながっているので、
地上では見えません。
人と人のつながりも、
見えないところで無数につながっているのです。
思いおよぶところではありません。

言葉が
わからない
となりに

「こころの味」を大切にする家庭

「こころの味」？　お互いを思いやる心でしょうか。
ほんの少しでも思いやりがあれば、おだやかな日々が。

あたたかい
心を
もとう

生きるということは長さの問題ではない

長命、短命は「いのち」の値うちに関係ありません。
どう生きたか、なのです。

しあわせは
人によって
いろいろ

見ていても
見えていなかった
世界を
見せてくださる
「智慧」の光り

昨日見ていた山は、今日の山とはちがいます。
見ているようで見ていない私たちの目。

お天気よすぎる
独り

亀は亀のままでいい
兎になろうとしなくていい

自分は自分のままでいい。
背のびしなくていいんだよ。

大きいのが
小さいのが

草も木も
いのちを
輝かせながら
伸びていく

草や花も木も、あたえられた生命を生きている。
教えられなくてもせいいっぱい生きている。

堂堂と歩む

仏法というのは心の味を育てる宗教

仏さまの教えに出会えば、何かが変わる。
でも、それがいつになるのか、私たちにはわからない。
きっとやってくる。

お日さまの
ぬくもりを
もらって
今日も
元気で

まっ先に
聞かせていただかねばならぬのは
私であった

自分にこそ、
聴聞《ちょうもん》しなさいと言わなければ。

心に
ゆとりを

ココろを育てる畑を
荒らさないように

人の言うことを素直に聞いてみませんか。
きっと得るところがあります。

話してる間へ
猫がうづくまる

おかげさまのいのち
おかげさまの中の私

感謝しても、感謝してもしきれない、
いただいた命。
よくぞ人に生まれさせていただいたことです。

自分から道をゆずろう

「してあげる世界」から「させていただく世界」へ

してあげるっていうのは、
みかえりを求める心。
させていただくのは、
無償の世界。

ころんだら起きるだけ

生きがいに火をつける
生きがいにスイッチを入れる

生きがいを見つけるのは、大変です。
そのかわり、
見つかれば
こんな幸せはありません。

おちる実をひろふ

「自分のねうち」が見えると「おかげさま」が見えてくる

もし自分に「ねうち」があるとしたら、
生かされていることなのかな……。

猫はいつもの坐布団の上

人生を耕させてもらう道
それが　お念仏

耕すということは、
ただの地面を農作物を植えることのできる土地に
変えていくことです。
同じようにお念仏の人生を意義あるものに。

うつむいて
石ころ
ばかり

「よろこび」をいっぱい袋に貯える年にしよう

よろこびは、どこに貯えるのでしょう。
貯金通帳にですか？

寝る
とする

気がつかなくても
大いなる
親のひざのうえ

心から安心できる場所、
それが親のひざの上、
仏さまの光の中。

生きていることがうれしい

如来さまの　お慈悲に
あわせていただきましょうね

あいたいと思ったときに、出会っているのです。
仏さまの御手《みて》の中にいるのです。

昨日より
今日
今日より
明日

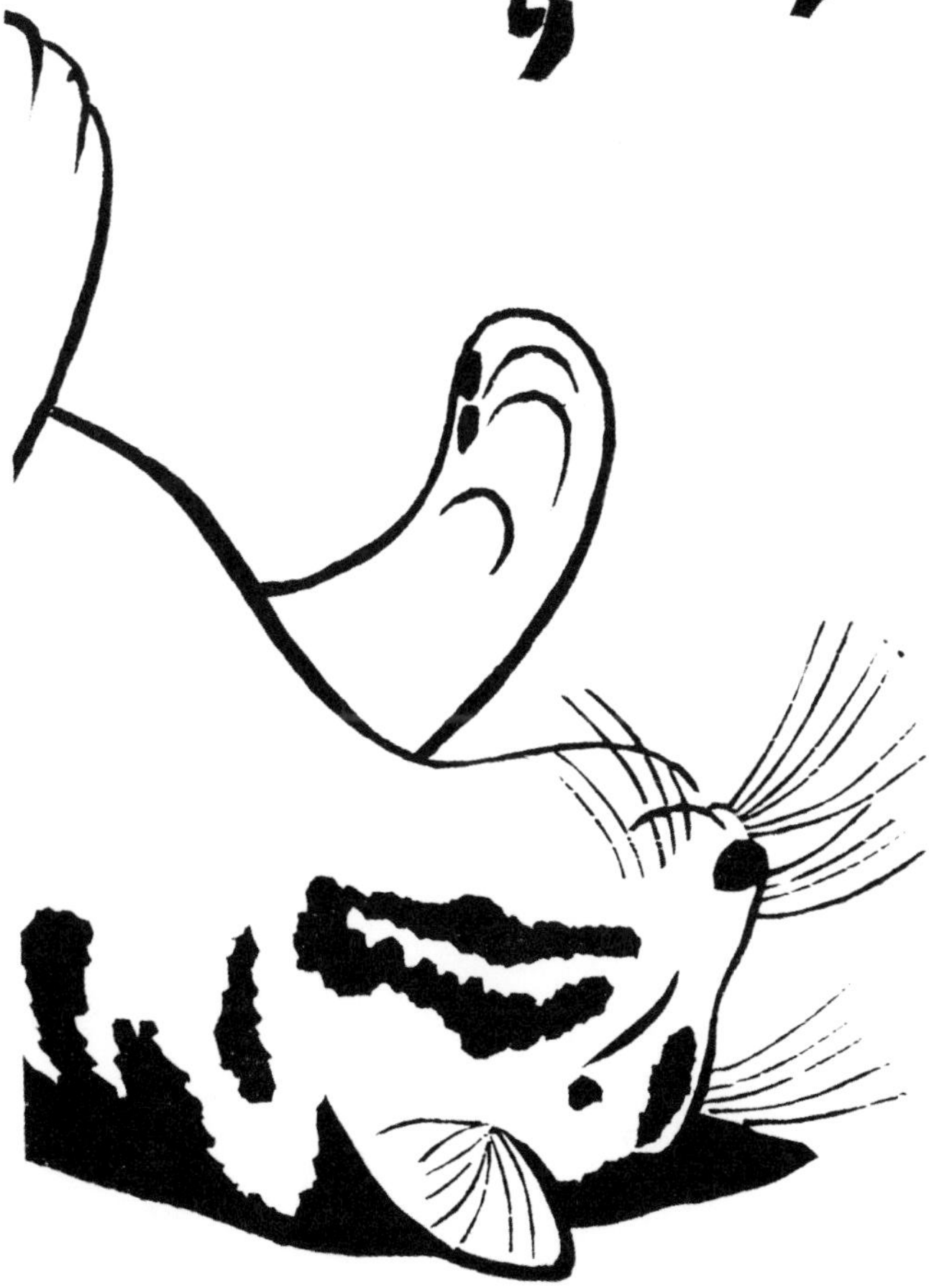

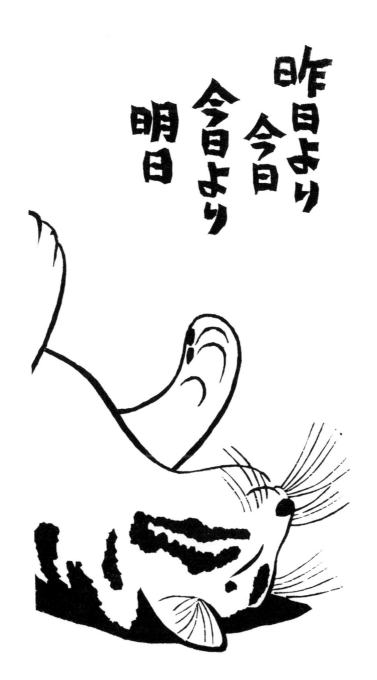

ゆるしてもらって生きていた私

いろんな生命をいただいて、生かされている私たちです。
どこどこまでも、
ありがとう、
ありがとう。

青い青い空

世界でただ一人の自分を
光いぱいにしていく
責任者

世界広しといえども、自分はたった一人。
他にいません。
自分を大切にしましょう。

前むきに行こう

「おかげさま」が見える目に

何かのひょうしで、
おかげさまに気づく、
それは仏さまのおはたらきです。

ころんだら
起きる
だけ

この「今」をおがまなければ

「今」というのは、いつでしょうか。
今はすぐ過去になります。
一瞬一瞬の今を、大切にしなければ。

小さなことでもおろそかにしない

ご飯の尊い命を
いただきながらすいません
南無阿弥陀仏

私たちは何の苦労もなく、
おいしいご飯をいただいています。
せめて
「いただきます」
と声を出して。

あれこれ食べる
ものはあって

まことの「いのち」に目ざめさせていただく

まことのいのち……
私にはよくわかりません。
東井先生から宿題をいただきました。

山からしたたる
水

はたらきづめに
はたらいて下さる
大きな願い

仏さまの広大無辺《こうだいむへん》のはたらきは、休まることがありません。
それに気がつかない私たちにも、はたらいてくださっています。

つかれたら休み
元気になったら
又働くんだ

悪人正機
この私がめあて

「悪人」とは人を殺したり、
ドロボウする人のことだけではありません。
この私そのものです。

もりあがる
雲へ
あゆむ

お念仏はほんとうの私にして下さる復元力

「念仏の行者《ぎょうじゃ》は無碍《むげ》の一道なり」といいます。
念仏者は、道をふみはずさない。
たまに道をはずれることがあっても、
もとの道にもどしていただきます。

あたたかい

今日も　また
まっさらの一日が
はじまります

毎朝めざめると、
新しい一日がはじまります。
明けない夜はありません。

今日は
お休み
これも
大事

しあわせな人とは背中にたくさん「よろこび」を貯えている人

私が知っているおばあさん。
お内仏に手を合わせている姿が、
なんともいえず尊く見えます。
いつも感動しています。

まいにち
まいにち
楽し
かったら
いいね

自分の荷は自分で背負う
たった一度の人生だから

自分のことは棚にあげて、すぐ人のせいにする。
自分がしたことは、自分の責任。

できることからはじめよう

「生」と「死」をこえてつながっている「いのち」

先祖から命をもらい、
子孫につたえていく。
その大きなつながりの中にいる私です。

何事も
なく

正直者からは　正直者の光
お母さんからは　お母さんの光

花には花の光、
虫には虫の光、
人には人の光。
みなそれぞれに光っているのです。

あたたか
なれば

「おかげさま」の見える目

外出しようとすると、
服を着て
靴をはいて、
財布をもつなど、いろんな物が必要です。
みんな「おかげさま」。

いつもじゃまする猫

思っているつもりでいたら思われていた私

私の親が病がちの頃、心配していたら、
「お前は大丈夫か。気をつけにゃならんぞ」と。
お見舞いに行って、はげまされました。

ふりかへる
山は
しぐれて

どの木もどの草も輝きながら伸びていく

「全ての雑草はみな、
太陽の光と大空からの雨露を
豊かに恵まれているのであります」
（谷内正順、『無碍の一道』（探究社））

猫もいっしょに

小さくてもいいのだよ
あんたの花をカいっぱい
咲かせておくれ

自分の人生は自分が主役。
堂々と生きよう。

くよくよ
しないで
前むきに

はたらきづめにはたらいて下さる
仏さまの大きな願い

私たちにはたらきかけてくださる仏さま、
それに気づかない愚かな私です。

休む
ことは
無駄
じゃない

自分は自分の主人公
光いっぱいの自分にしていく
責任者

「よろこびでいっぱい」

「光いっぱい」

の人生。

じっくり
いこう

ほとけさまのお心を家庭に

家に小さなお仏壇があります。
たきたての御飯をお供えすると、
なんだかうれしくなります。

人声なつかしがる猫

夕焼けの赤
やすらぎの色
大いなる
ふるさとの空の色

真っ赤な夕日を見ていると、
不思議と「西方浄土」という言葉がうかびます。

明日はきっといいことあるよ

生かされていた私
願われていた私

人身《じんしん》受け難《がた》し、仏法聞き難し。
今、ここに生きていることの不思議さを、
思わずにいられません。

何で
こんなに
風のふく

ほんものとにせものは見えないところのあり方で決まる

「にせもの」の私が、いつか「ほんもの」に。
仏さまに、行く道を照らしていただくだけです。

「願い」の中に生かされている私に気付かせていただくしあわせ

大病をした時、生かされていたのだと気づきました。
この日を仏さまは、まっていてくださったのです。

ポカポカせなかの太陽

数えきれないほどのお米の一粒々々
がいまこの茶碗の中に　私のために

一粒一粒の
お米が、
ご飯が、
私を生かせてくださっています。

御飯にしよう

見えないところでひとつながりにつながりあっている「いのち」

見知らぬ土地で、
見知らぬ人と話していたら、
私の故郷に縁のある方でした。
「ご縁」って不思議です。

犬からもらったり
猫からもらったり

失敗 しくじり つらさを
大切にする人生を

いいことも、つらいことも、
ぜんぶじぶんの身になる、
そう思って生きていきたい。

はだしであるく

いそぎ参りたき心のなき私こそ
ご本願のお目あてであった

私をこそ、すくいたいのが仏さま。
よう気がついてくれたと、ほめてくれる仏さま。

石を枕に

お念仏は
真実の親の
お呼び声

いつも、大きな大きな「御手」の上です。

きょうも
またまっさらの一日が
はじまります

今日もがんばるぞと思うか、
今日はだめだと思うか、
いずれにしても一日がはじまります。

猫がおさきに

傲慢さと愚かさから逃れられない私

自信と傲慢《ごうまん》を、とりちがえてしまう私。

人もちらほら

大きな願いに目覚《ざ》める以外に
ほんとうの自分に育てる道はない

「大きな願い」に気づかせてくださるのも、
仏さまのおはたらき。

そおっと近づいてくる猫

すばらしい自然のいとなみ その中で
生きていることの ただごとのなさ

自坊に、大きな銀杏の木があります。
その姿に
どれだけはげまされてきたか、わかりません。

雨の日も
風の日も
また悩む日も
そのまま人生

失敗は私の問題点を知らせに
きて下さる大切なお使い

子どもの頃、鉛筆をけずり、指を切りました。
それで、気をつけるようになりました。

ゆっくりで
いいんだ
自分の
あゆむ
道

すみません　ありがとう
一日のはじまり

「すみません」も、「ありがとう」も、
「いただきます」も、「ごちそうさま」も、
みんな、幸せのはじまり。

小さき足跡
されど
たしかなる足跡

心のあたたかいやさしい
尊いい人がたくさんある

尊《とうと》い人の後ろ姿に、
頭がさがります。

なにもなくても

温い心がいちばん

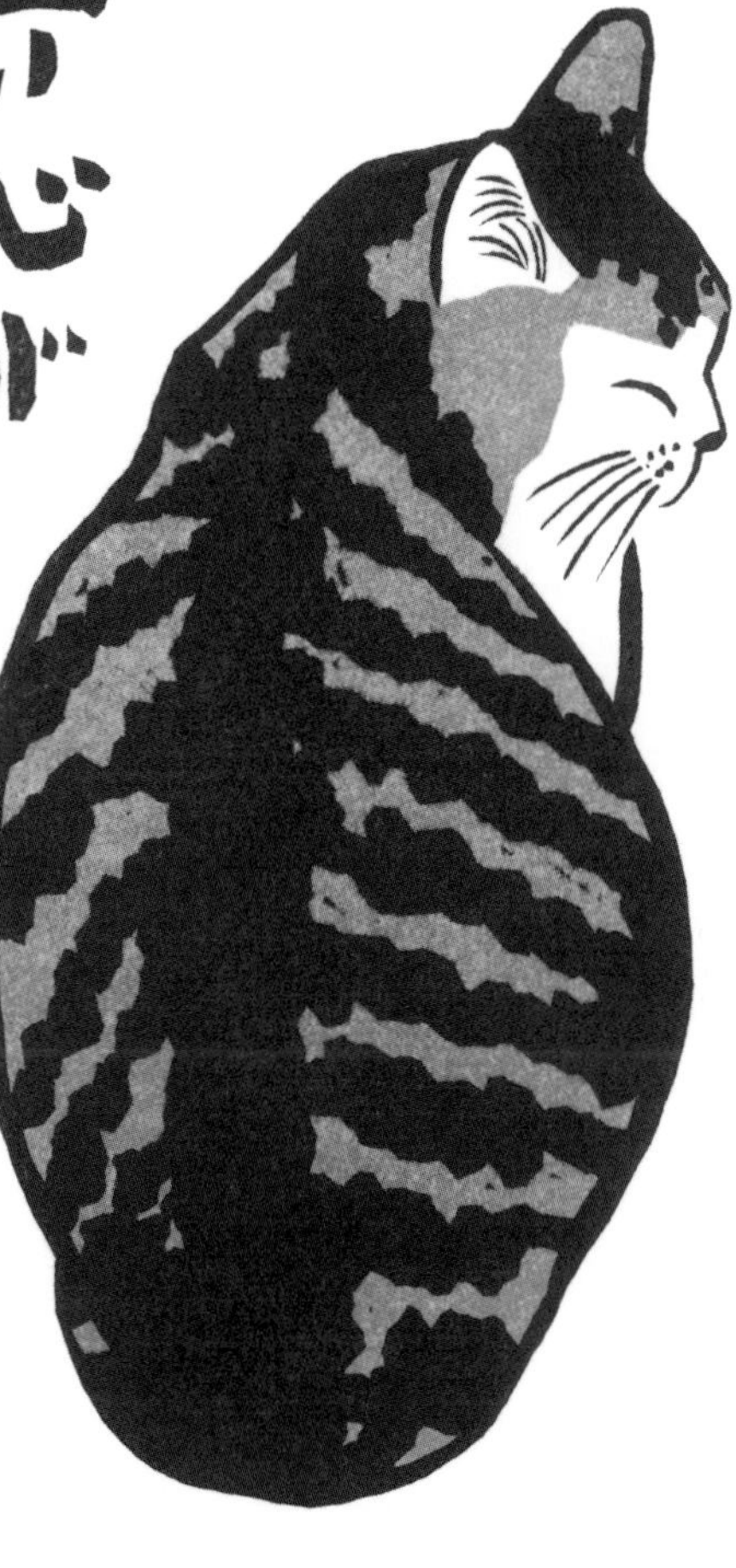

春夏秋冬 いつもありがとう

どの季節も、みんなよいところがある。
「四季の歌」の詞のように、
みんないい。

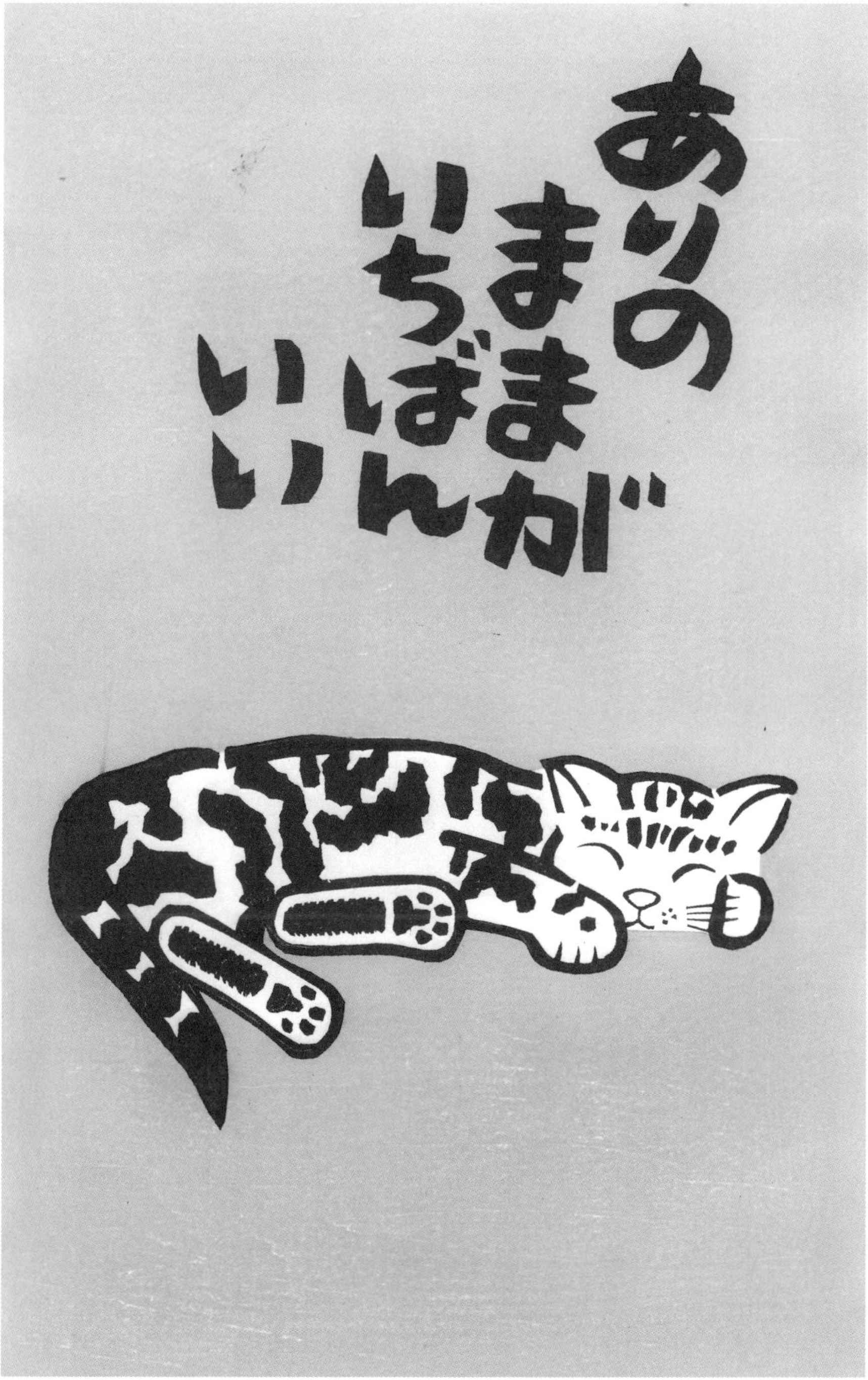
ありのままがいちばんいい

人間はみんなすばらしい

人は皆、
どこかよいところがあります。
いっぱい、いいところがあります。

恋猫

仏さまに願われ
生かされている私

気がつかない私にでも、いつか気がつく日がくる。
それまでずっと、願われているのです。

二人で歩む
遠い道も
くたびれない

ひとすじなわではどうにもならない私

自分でもどうにもならない強情さ。
それだからこそ、おさめとってくださる仏さま。

うたたね
して居った

雨の日には 雨の日のおめぐみ

青空は気持ちいい。
曇りはすごしやすい。
雨は緑が美しくなる。
風はいやなものを吹きとばしてくれる。
みないい。

あらしが
すっかり
青空に
してしまった

どこでもみ手のまんなか
おかげさまの どまんなか

いつ、どこで、誰にお世話になっているかわかりません。
お世話したことはおぼえているのに、
されたことは忘れてしまいます。

流に沿うて歩いて

春を信じて冬を生きている

雪にうもれている木々も、春になれば新芽を出す。
楽しみに待ちましょう。

親しく
はなす

おかげさまのいのち
おかげさまの新年

今は満で歳を数えますが、
昔はお正月がくると、いっせいに歳を重ねました。
それもいいですね。

ネコよ
お前は私を
信じてくれて
いるのか
ありがとう
うれしいな

人間に屑はない
人生に無駄はない

苦しいことは、
如来さまからのはげましであると、
曽我量深《りょうじん》先生がおっしゃっています。

育つんじゃなくて
育てるんだよ

「きばり心」を抜いたとたん
あんな快い
安らぎの世界に変わる

無理をしなくてもいいよ。
肩の力を抜いてね。

やさしいこころ
あたたかいきもち

ひたすら私の目覚《ざ》めをまち
ひたすら生かし続けてくださる
阿弥陀さま

いつまでも、いつまでも、
まっていてくださる。
「機」がくるのを待ってくださる。

私のそばにいてくれる
いつも変らぬネコ
お前たちに 助けられてきた

生きているということを
ねうちのあるものにしなければ

何が値うちなのか、本当の値うちを知りたい私です。

しあわせには
小さいのはない
大きいのばっかり

いつ　こわれても
み手のまんなか

なにがあろうと、
仏さまのみ手の中。

自然の中の
ぬくもりに
つつまれている
私
なんだか
なごやかな
大きなものに
つつまれている

「おかげさま」が見える目に

そんな目になりたい。
心からなりたい。
自分ひとりで生きていると思っているうちは、
無理ですね。

ちょっとみると
小さく見えるのも
ほんとは
私にはすぎた
大きいのばっかり

尊いものを仰ぐ
美しいものに感動

心の中では、いつもそう思っているのに、
ついつい我執がじゃまする私です。

かざらない
いそがない
自然のままに生きよう

自然の恵みに
みちみちた
かぼちゃ
仏さまの願いの
あふれた薬で
あった

「かぼちゃ」ってどーんとしている。
どーんとした形が安心感を与えてくれます。

いいよ
いいよ

おとせば
こわれるいのち
だからこそ
このいのちが尊い

生かされて生きている命、
大切にしなければ。
粗末にしていないでしょうか。

よっしゃ
よっしゃ

生きているものを
存分に伸ばして
くれる
光と慈雨

光と雨がなければ、植物は育ちません。
植物が育たなければ、
私たちは生きていけません。

ネコよ
安心してるね
くつろいでるね
ネコよ
お前は私を
信じてくれて
いるのか
ありがとう
うれしいな

子どもが親を
ほんとの親に
してくれる

自分の子どもに、感謝しなければ。
子どものおかげで、親になれるのです。

しあわせ
そう
と
思へる自分が
しあわせ

■谷内正遠（たにうち・まさと）略歴
1956年、石川県津幡町に生まれる。独学で木版画を始める。個展を主とした活動で、金沢を始め全国各地で毎年6回ほどのペースで開催。版画教室を開き木版画の普及につとめる。

著書『私には夢がある』（芸艸堂刊）『一人じゃないよ』『きっとできる木版画』（探究社刊）『風土を彫る』（北國新聞社刊）

■東井義雄（とうい・よしお）略歴
1912年、兵庫県出石郡但東町（現・豊岡市）の真宗寺院に生まれる。1932年に兵庫県姫路師範学校を卒業して40年間、県下の小・中学校に勤務。ペスタロッチー賞（広島大学）、平和文化賞（神戸新聞）、教育功労賞（文部省）など数々の教育関係の賞を受賞。また、著書も共著を加えると100冊にものぼり、篤信の念仏者としても知られる。

1991年4月18日、逝去。

ちょうどいいくらいのしあわせ

平成28年5月30日　初版第1刷発行

著　者　谷内正遠
発行者　西村裕樹
発行所　株式会社　探究社

〒600-8223京都市下京区七条通大宮東入ル大工町124-1
Tel.（075）343-4121　振替●京都01030-6-21185

印刷　一進印刷株式会社
製本　西村製本紙工所
●落丁・乱丁の場合はお取替え致します。
ISBN978-4-88483-974-1 C0015